教育的抉择

姚佳汐 著

中国妇女出版社

图书在版编目（CIP）数据
教育的抉择 / 姚佳汐著. -- 北京 ：中国妇女出版社，2025. 1(2025.5重印). -- ISBN 978-7-5127-2456-3
Ⅰ. G782
中国国家版本馆CIP数据核字第2024NA7859号

责任编辑： 张凌云
封面设计： 李　甦
责任印制： 李志国

出版发行： 中国妇女出版社
地　　址： 北京市东城区史家胡同甲24号　　邮政编码：100010
电　　话：（010）65133160（发行部）　　65133161（邮购）
网　　址： www.womenbooks.cn
邮　　箱： zgfncbs@womenbooks.cn
法律顾问： 北京市道可特律师事务所
经　　销： 各地新华书店
印　　刷： 小森印刷（北京）有限公司

开　　本： 150mm×215mm　1/16
印　　张： 10.75
字　　数： 100千字
版　　次： 2025年1月第1版　　2025年5月第2次印刷
定　　价： 49.80元

推荐序

从焦虑到从容，科学规划孩子的未来

近年来，家长对孩子教育的焦虑愈演愈烈，仿佛每一步都决定着孩子的未来。无论是择校、学业辅导、兴趣班，还是未来的升学和职业规划，所有这些问题叠加在一起，让很多家庭如履薄冰。父母一方面想给孩子最好的资源和支持，另一方面却深陷焦虑，不知如何让孩子走上一条健康而有前景的成长之路。尤其在新高考改革的背景下，教育政策的变化增加了孩子选择的多样性，同时也带来了更多的决策复杂性，家长的焦虑感随之加剧。

在这样的背景下，《教育的抉择》这本书的出版，恰逢其时。它帮助家长厘清思路，冲破焦虑的迷雾，从根本上理解什么是真正适合孩子的教育。作者姚佳汐以其深厚的学术背景和丰富的实践经验，帮助家长从教育的迷茫中找到清晰的方向。

佳汐不仅在北京师范大学求学期间表现突出，之前还有丰富的一线教学经验和家庭教育实践。她在学业规划和学习力提升方面的实践，在众多家长和学生中得到了很多良好的反馈。她深知，缓解家长的教育焦虑，不仅是通过提供理论知识，更重要的是让家长学会如何从现实问题出发，找到适合自己家庭和孩子的教育路径。

当我第一时间读过佳汐的书稿之后，我感觉本书最特别之处在于，它不仅仅是一本理论指南，更是一份切实可行的操作手册。作者通过一系列真实的案例和亲身经验，将那些让家长困惑不已的教育难题一一剖析，帮助家长看到问题的本质，并提供具体的解决方案。她深入探讨了大部分家长都非常关心的择校难题、兴趣班的投资、出国留学规划等教育话题，提供了科学的思路和实用的建议。这种理论与实践的结合，正适合当下那些仍在焦虑与迷茫中寻找方向的家长学习与借鉴。

在教育领域，焦虑往往来自对未来的不确定感。家长担心孩子的每一步都可能决定终身，生怕错过任何一个机会，导致终点的失败。然而，这本书告诉我们，教育并不只是简单地追逐成绩和名校，它更应该是一个有规划、有节奏的过程，孩子的成长也不应该被某一个选择所定义。家长需要的是一套能够陪伴孩子长远发展的策略，而不是临时抱佛脚的应急之策。

本书还提到了“家长的心力”在孩子教育中的重

要性。作为孩子最重要的陪伴者，家长的情绪和心态直接影响着孩子的学习状态和心理健康。因此，在帮助孩子规划学业的同时，家长也需要关注自身的情绪管理，避免将过多的焦虑情绪传递给孩子。这是一个相互成长的过程，只有家长从容、理性地面对教育中的各种问题，孩子才能在这样的环境中健康成长。

作为一名学术工作者和教育研究者，我深知科学的学业规划对于孩子未来成长的重要性。而作者在本书中不仅展示了她的学术敏锐度，更展现了她作为教育者的实践智慧。这本书的内容既充满理论深度，又贴近家长的实际需求，让读者能够从中获得实实在在的帮助。正是这种兼具科学性与实用性的特点，使得本书不仅适合家长阅读，也为广大教育工作者提供了有益的参考。

我相信，《教育的抉择》会给每一位在教育路上感到困惑的家长带来启发和力量。希望通过本书，家长能找到面对教育焦虑的办法，用更从容的心态和清晰的思路，陪孩子一起走好成长的每一步。

杨　娟
北京师范大学教授，博士生导师
北京师范大学学业规划研究中心主任

自 序

懂规划的父母，才能陪孩子走得更远

这些年，社会的变化和进步让我们每个人都感同身受。无论是科技的迅猛发展，还是全球经济的波动，甚至我们的生活方式都发生了天翻地覆的改变。与此同时，教育也在发生巨大的变革，尤其是面对新高考、“双减”等一系列新政策的出台，每一位家长都在焦虑和探索中前行。

当我们看到孩子背着沉重的书包、埋头于无尽的作业和考试时，作为父母的我们无疑感受到巨大的压力。而与此同时，中小学抑郁症检出率在提高。这些冰冷的数据背后，是一个个为了未来拼搏的孩子和承受焦虑的家庭。我们不禁要问：这一切的努力和焦虑，究竟值不值得？

我们都希望孩子在这个竞争激烈的社会中拥有一席之地，希望他们能够成功，拥有美好的未来。然而，伴随而来的焦虑与迷茫，也让我们在教育路上失去了方向。教育，不仅仅是让孩子学会知识，更是培养他们如何面对未来，如何在这个复杂多变的世界中找到自己的路。

我写这本书的初衷正是为了帮助处于焦虑中的父母找到教育的方向。我们常常觉得教育是为孩子的未来做准备，是为了应对中考、高考、择校、职业规划等重大决定，但教育的核心其实是帮助孩子拥有自主成长的能力和健康的心态。在我多年的教育研究和实践中，我遇到无数家长对孩子的学习和成长充满疑惑和焦虑。他们总是感到手足无措，不知道该如何做出选择，如何帮助孩子走好这条路。

选择，是许多家长焦虑的起点。在孩子的成长过程中，我们总会遇到各种选择：择校、学业辅导、兴趣培养……每一个选择似乎都影响深远，让人不敢掉以轻心。然而，越是追求“最好的”，越容易陷入迷茫和焦虑。其实，教育的关键并不在于找到所谓的“最好”，而是找到最适合自己孩子的。与其跟随别人的脚步，不如静下心来，观察孩子的天赋与兴趣，为他们选择真正能够激发潜力的教育路径。

规划，是帮孩子找到方向的核心。在当今竞争激烈的教育环境下，许多家长被迫关注眼前的分数和排名，却容易忽视孩子长远的学习能力养成和成长规划。而科学的规划，不仅仅是为孩子选择一所学校或一个专业，更是帮助他们培养良好的学习习惯，学会时间管理，掌握调节情绪的能力。规划是父母与孩子共同的探索，既需要为未来打下基础，也需要在过程中尊重和鼓励孩子的自主选择。

管理，是孩子成长过程中不可或缺的一环。在日常生活中，家长需要做的不是“盯着孩子学习”，而是为他们提供更有意义的支持。管理包括引导孩子掌控自己的学习节奏，学会调节自己的情绪，并帮助他们在挫折中找到继续努力的动力。父母的角色，不是操控孩子的一切，而是陪伴他们学会管理自己。

成长，是教育的终极目标。教育的本质，不是为了成绩单上的分数，而是为了让孩子真正拥有面对未来的能力：如何应对挑战，如何在困境中坚持，如何独立思考并解决问题。帮助孩子取得学业上的成功固然重要，但更重要的，是在这个过程中，培养他们对生活的信心和内在的力量。这，才是教育的真正意义。

我常常对家长说，教育不是一场考试，而是一生的修行。我们追求的不是眼前的分数或名次，而是希望孩子在长期的成长中获得独立和幸福。刻舟求剑，永远实现不了目标。如果我们只关注当下的焦虑，不去看更长远的目标，那就如同在迷雾中航行，永远找不到方向。

每一个家庭和孩子都是独特的，我在本书中不仅结合了大量教育研究的理论成果，还分享了许多真实的家庭案例。这些内容并不是为了给家长提供一套“万能公式”，而是希望能够启发每一位家长，在教育的路上，做出属于自己家庭的最佳选择。

作为家长，我们不仅是孩子的引导者，更是他们成长过程中的伙伴。我们要学会平和面对教育中的每一个岔路口，帮助孩子找到适合他们的路。只有我们内心不焦虑，孩子才能拥有自由成长的空间。我衷心希望本书能够为所有家长提供一些有用的思路和方法，帮助你们在教育这条路上更加从容自信，陪伴孩子走向更加光明的未来。

姚佳汐

目 录

CONTENTS

第三章

点亮兴趣之光：兴趣班与真正的个人成长规划

第四章

超越高考：多元化路径同样通往成功之路

第五章

留学背后的思考：
不只是远行，更是格局的拓展

第六章

如何培养心理韧性：
心力才是孩子未来竞争力的核心

第七章

前瞻未来：AI 时代的教育挑战与机遇

结　语

第一章

成功的真正起点：重新定义“择校”的意义

教育焦虑的根源：
择校是否真的决定孩子的未来

在当前的教育环境中，择校成为许多家长的头等大事。无论是为孩子进入名校做准备，还是为未来高考铺路，许多家长都感到这个决定直接关系到孩子的人生走向。择校，真的会决定孩子的未来吗？

家长的焦虑：择校如同人生岔路口

在我的工作中，我见过无数家长因为择校问题陷入焦虑。他们往往认为，选择一所好的学校就等于为孩子铺就了一条通向成功的坦途。

我曾经接触过一位家长小燕，她为孩子选择了一所当地公认的好学校。这所学校不仅升学率高，教师团队也极具口碑。小燕认为，只要孩子进入这所学校，未来的路就会一帆风顺。

然而，现实并没有她想象得那么美好。孩子刚入学不久，便被大量的作业压得喘不过气来。每天回家后，孩子不仅要完成学校布置的课后打卡任务，还常常因为赶不完作业而失去休息时间。小燕感到非常困惑，她曾给我发消息说：姚老师，我们明明上的是公认的好学校，为什么反而让孩子陷入了如

此巨大的学习压力之中？

这正是很多家长所面临的共同问题：一所“好学校”的定义，可能并不符合每个孩子的需求。很多时候，父母对于好学校的期待，往往只关注了升学率、名气等外在指标，而忽略了孩子是否真的适应学校的学习环境。

“好学校”不等于“好教育”

我们常常把“好学校”和“好教育”混为一谈，认为名校就一定能带来好结果。然而，孩子的成长不仅仅依赖于学校的名气，更在于学校是否能够为孩子提供适合他们发展的土壤。

正如小燕的经历所反映的那样，孩子的个性和适应能力是择校时不能忽视的重要因素。学校的管理方式、教学节奏，甚至班级文化，都会对孩子的学习状态产生深远影响。有些孩子可能在自由宽松的环境中发挥得更好，而另一些孩子则需要严格的管理和明确的规则来保证他们的学习效果。因此，择校时，不仅要看学校的外部评价，还要关注学校的教育理念是否与孩子的特点相匹配。

不确定性是焦虑的核心

家长的焦虑往往来源于对未来的不可控。他们害怕一旦选错了学校，孩子的未来就会受到影响。尤其是在如今竞争激烈的教育环境中，择校被赋予了过多的意义，仿佛这一步决定了孩子的整个人生方向。

但我们需要认识到，学校只是孩子成长中的一部分，决定孩子未来的，还有家庭教育、个人努力和环境等多重因素。好学校固然重要，但它并不是孩子成功的唯一途径。对于孩子来说，拥有适合自己的成长环境，学会自主学习和管理情绪，可能比进入一所名校更为重要。

如何缓解择校焦虑

明确目标，理性选择。家长在择校时，应该首先明确自己的目标：是追求名校光环，还是希望孩子在一个轻松的环境中快乐成长？要考虑的不仅仅是学校的名气，还要关注学校的教育理念、师生关系和整体文化氛围，看看这些是否适合孩子的个性和需求。

尊重孩子的需求。在择校过程中，家长往往忽视孩子的感受。事实上，孩子是否能适应学校环境，是否喜欢学校的学习氛围，也是重要的考量因素。与其强迫孩子去适应“好学校”，不如尊重孩子的想法，为他们选择一个更能发挥潜力的地方。

关注长期发展。择校只是孩子成长中的一个环节，而不是决定性因素。家长应该跳出短期的焦虑，从长期发展的角度去考虑。重要的是帮助孩子培养良好的学习习惯、独立思考的能力，以及应对压力和挑战的心态。这些才是孩子未来真正的竞争力。

择校问题只是教育中的一环，家长在做决定时，应该更多地关注孩子的整体成长，而不是一味追求外在的“好”。只有找到适合孩子的环境，才能真正为他们的未来奠定坚实的基础。

最好的未必最适合：
名校光环下的隐藏风险

许多家长为了让孩子进入“最好”的学校，不惜一切代价，买学区房、租房、陪读……只为把孩子送进公认为能够带来好未来的学校。在他们心中，名校不仅是成功的象征，更是一张通往未来的门票。事实上，盲目追逐名校，往往忽略了孩子的个性和需求，带来的不确定性和风险可能比想象中更大。

我曾遇到过一位家长阿强，他对女儿的

教育极为重视，经过多方努力，终于将女儿送入了当地一所顶尖小学。学校以严格的管理和优异的升学率著称，是家长们争相选择的“神校”。然而，阿强的女儿在第一天的考试中仅得了97分。对，我用的是个“仅”字，因为这个分数远低于班级其他学生的满分成绩。她因此遭到老师的批评，甚至被说成“拖了班级的后腿”。这让阿强感到十分不解，因为在他看来，97分的成绩已经非常好了。

更糟糕的是，这只是开始。随着学业压力不断加大，孩子逐渐失去了对学习的兴趣和信心，甚至在班级中遭遇了同学的嘲笑和排斥。到四年级时，她的心理方面出现了严重问题，曾流露出轻生的念头。直到女儿上初中后阿强才意识到，原本寄予厚望的“好学校”，反而让孩子的心理变得很脆弱，并且产生严重的厌学心理。

阿强的经历并非个例。名校通常意味着高强度的学业竞争、严苛的管理模式，以及对成绩的高度重视。这种环境对一些学习能力强、承压能力强的孩子可能会有所帮助，但对于那些需要更多鼓励和关注的孩子来说，名校会成为一种负担。学业压力、同伴竞争、老师的严厉要求，都会对孩子的心理健康和学习兴趣产生负面影响。

许多家长在选择学校时，往往只关注学校的排名和升学率，却忽视了孩子的个性和需求。盲目追求名校的光环，可能忽视的风险有以下几点。

心理压力。名校中的竞争通常异常激烈，孩子在这个环境中可能会面临来自同龄人的较大压力。如果孩子的心理韧性不足，过度的压力可能导致焦虑、抑郁等情绪问题，反而影响他们的学业表现和全面发展。

自信心受挫。在名校中，不是每个孩子都能成为“尖子生”。在成绩较为突出的集体中，普通成绩的孩子可能会失去自信，觉得自己不如别人，进而产生挫败感，甚至对学习产生抗拒。

忽视个性发展。名校往往有固定的教学模式，强调统一的标准和目标。如果这种教育模式与孩子的个性、兴趣不匹配，孩子可能会感到束缚，无法真正发挥自己的潜力。

家长在择校时，必须明白“最好”的学校不一定是“最适合”的学校。追逐名校光环的同时，也要考虑孩子的个性、兴趣和长远发展。最终，只有适合孩子的学校，才能让他们在学业和身心上获得真正的成长。教育的成功，不在于上名校，而在于孩子找到了属于自己的道路。

优质教育的标准：
全面发展的新定义

在择校的过程中，很多家长都有这样一种想法：只要孩子能进“好学校”，未来就一定会顺风顺水。这种对名校的执念让许多家庭煞费苦心，甚至在孩子很小的时候就买学区房，为的就是争取一个所谓的“好起点”。但是，好学校真的是唯一的答案吗？其实，教育的优质与否并不只是看学校的名气和升学率，更在于它能不能帮助孩子全面成长。真正的“优质教育”，早已不是拼成绩和排名，而是关注孩子的适应能力、综合素养以及学校的整体成长环境。那么，家长到底应该如何重新定义“优质教育”呢？我们不妨从以下几个方面来思考。

真正适合的环境：不盲目追求名校光环

优质教育并非“通行证”或“保险箱”，并不是进入名校就意味着孩子的未来一定顺利。甚至有许多家长因为追求名校而急着购买学区房。我的朋友小敏的例子便反映了这种普遍心态。尽管小敏的儿子才5岁，她已经为儿子进入市里一所“顶尖中学”开始筹备，甚至考虑购买一套离现住小区很远、环境嘈杂但可以上名校的学区房。这样的行为是典型的“名校焦虑”。家长认为，只要提前为孩子铺路，未来就能高枕无忧。事实真的是这样吗?

成长支持：优质教育不仅仅在学校

对于孩子来说，良好的学习习惯、积极的心态、独立的思考能力等核心素养，往往来源于家庭，而不是简单地由学校灌输。许多家长认为，只要把孩子送进一所好学校，成绩就能得到保障。然而，学习的关键在于习惯的养成和兴趣的培养。家庭中温馨的学习氛围和家长的引导，比学校的升学率更有助于培养孩子的学习动力。

孩子进入一所所谓的“普通学校”，并不意味着无法取得成功。家长可以积极带领孩子去了解这所学校的优点，比如离家近、生活便利、环境安全等，这些因素都对孩子成长非常有益。如果家长能与学校保持良好的沟通，并积极参与学校活动，将有助于为孩子创造一个稳定、充满支持的成长环境。

长期发展观：马拉松式的成长

教育不是一场短跑，而是一场充满挑战的马拉松。在人生这场漫长的“马拉松”中，起跑位置只是一个起点。这意味着，起点的优势不会直接决定终点的成功。家长过分执着于“站在起跑线的最前排”，会让孩子在成长过程中背负过多的压力，反而容易错失培养内在能力的机会。

真正的优质教育应当关注孩子的长期成长和全面发展，帮助他们培养应对未来复杂生活的能力。与其关注孩子在学校的具体分数，不如引导他们培养独立学习、解决问题和适应新环境等能力。这些能力将使他们在未来的学习和生活中游刃有余。

引导价值观与信念：支持孩子探索适合自己的路

优质教育还包括家长在孩子成长过程中的引导作用。教育的核心，不在于让孩子一味迎合世俗的功利导向，而在于帮助孩子找到自己热爱的方向。许多家长担心孩子在普通学校“掉队”，但在现实中，追逐名校带来的“优越感”往往是一种短视行为。家长若能为孩子营造包容和鼓励的氛围，就能够让孩子在探索中培养自信、增强抗压能力。

当家长从焦虑中抽离，将注意力放在如何帮助孩子树立正确的价值观和积极的心态时，孩子才能在长远发展中受益。教育的目的，不是让孩子在短期内获得好成绩，而是让他们在未来人生中充满自信地应对各种挑战。

第二章

抢跑的代价：超前学习真的可以让孩子赢在起跑线吗

超前教育的盛行：为何家长宁可孩子“早学”

大家似乎都有种“起跑线焦虑”，觉得孩子早点学、多学一点，将来就能领先别人。

我身边的朋友小白就是典型的例子。她家孩子刚上一年级，可小白的焦虑非但没有因为孩子入学而缓解，反而更严重了，总觉得孩子学得不够多、不够快，好像稍微慢一点，就要被别人甩在后头似的。

小白每天陪孩子写作业到10点以后，孩子做完学校的内容还要赶课外班的复习。作为朋友，我试图劝她稍微放松些，不必让孩子负担这么重，尤其在一年级，更重要的是适应新环境和养成好的学习习惯。然而，小白总是紧张地说：“不行啊，现在这么多孩子都在抢跑，我可不敢掉队！”这种心情其实在许多家长中相当典型：既心疼孩子压力大，又害怕不超前学习会影响孩子未来的学习。为了减轻自己对未来的担忧，不少家长在超前教育这条路上越走越远。

起跑线焦虑与环境压力

我在工作中见过太多这样的家长：对“不要让

孩子输在起跑线上”深信不疑，认为只有超前学习，孩子才不会在未来“掉队”。然而，这种对起跑线的过度关注，其实无形中给家长和孩子都带来了不必要的压力。要知道，孩子的学习是一个长远的过程，真正的成功在于持之以恒、不断进步，而非短期的抢跑。

对竞争环境的误解也是导致超前教育盛行的重要原因。小白告诉我，她的朋友圈里家长都在抢跑，这种担忧让她无法停下脚步。家长彼此之间相互影响、比拼，最终形成了一种“竞赛”氛围，甚至觉得一旦松懈，自己的孩子就会在竞争中被淘汰。然而，我们应该明白，这种社会环境下的焦虑并不等同于孩子的实际需求。相反，“抢跑”可能会让孩子在本应轻松的年纪承担不必要的压力。

将超前学习当作家庭教育的捷径

有些家长把超前教育视为一种教育捷径，觉得只要孩子“学得多、学得早”，就等于教育成功。我一直和身边的家长强调，让孩子提前掌握知识，并不等于培养出良好的学习能力。知识的获取是不断建构的过程，每个阶段都有不同的核心任务，比如幼年时期的语言发展、逻辑推理、情绪调控等。如果过早让孩子进行知识学习，而忽视了学习兴趣、专注力等能力的培养，孩子往往会在今后的学习中遇到阻力。我们需要明白的是，教育的目标不仅是让孩子获得知识，更重要的是让孩子掌握“如何学习”的能力。

心理与认知发展的不平衡

从心理学角度来看，孩子的认知发展和心理成熟是有一定规律的。皮亚杰的认知发展理论认为，不同年龄段的儿童在理解世界和学习知识上有不同的方式和能力，超前学习往往忽略了这一发展规律。比如，5岁的孩子通常还在依赖具体的、感官性的理解方式，他们对抽象概念的理解是有限的。在这个阶段，学习应以探索性活动为主，而非知识的机械灌输。若强行要求孩子提前学习抽象内容，不仅难以取得预期效果，甚至可能损伤孩子的自信心，让他们对学习产生抗拒。

教育是一场马拉松，而不是短跑。作为父母，我们需要带领孩子保持稳定的步伐，打好基础，而不是急于求成地抢跑。抢跑带来的不过是短暂的领先，只有持久的学习动力才能让孩子在未来走得更远。回归教育的本质，我们需要给孩子的不是一个“满满当当”的课表，而是对世界的好奇心和对学习的持续兴趣。

心理压力与学业负担：
超前学习带来的隐性危害

许多家长认为，超前学习是帮助孩子“赢在起跑线上”的捷径。然而，我在工作中发现，过早、过量的学业负担并没有让孩子的起点更高，反而给他们带来了难以承受的心理和身体压力。

我记得有个5岁的小女孩琳琳，她的母亲赵女士因担心女儿落后，给她安排了数学、英语和书法等课程，琳琳的课余时间几乎被塞满。赵女士以为这样可以帮助孩子奠定扎实的基础，却发现琳琳逐渐表现出倦怠和不情愿的情绪。原本活泼好奇的琳琳，开始对学习产生抗拒，甚至常常在上课时走神、发呆。

这让我不禁发问，超前学习的“好意”，是否真的对孩子有益？

学习兴趣的逐渐消退

琳琳的情况其实并不罕见。超前学习常常会让孩子逐渐丧失对学习的兴趣。琳琳的生活中几乎没有自由探索的时间，过度的学习负担让她将知识学习视为一种“任务”，而非一种充满乐趣的探索活动。对年幼的孩子而言，学习应该是满足好奇心的途径，然而超前学习却让他们感到疲惫，甚至厌倦。这种早期的学习兴趣消退，对未来的学业发展极为不利，让孩子在最需要自由探索的年纪，失去了对知识的天然兴趣。

身心健康的隐性影响

儿童在生长发育期需要足够的睡眠和活动时间。琳琳因超前学习而常常熬夜完成各类作业，深感疲惫。对于 5 岁的孩子来说，长期睡眠不足不仅影响身体发育，还会导致情绪波动、注意力不集中等问题。超前学习让她处于高压状态，导致睡眠不足和体能不足，逐渐削弱了她的免疫力。若家长忽视孩子的身心需求，长此以往，孩子不仅在学业上吃不消，也可能在健康方面受到更深远的影响，得不偿失。

挫败感与自信心的损害

许多家长认为提前学习能让孩子建立自信，但事实往往适得其反。琳琳在超前的英语和数学课程中遇到的困难，逐渐让她对自己的学习能力产生了怀疑。过高的学习难度和超出年龄的要求，使她屡次感到挫败。她逐渐觉得自己“不聪明”“学不会”，这种负面的自我认知让她丧失了学习的自信心。若孩子在学习的起步阶段便遭遇频繁的挫折，这种挫败感会长期影响他的学习态度，自我效能感大大降低，使他在今后面对困难时容易选择逃避，而非勇敢应对。

忽视游戏和社交的发展

超前学习在增加孩子学业时间的同时，也剥夺了他们游戏和社交的机会。赵女士把琳琳的课表排得满满当当，琳琳几乎没有时间与同龄的孩子一起玩耍。对于年幼的孩子来说，社交和游戏是重要的成长环节，不仅能帮助他们学会与人相处，还能培养他们的同理心和团队合作意识。由于长期缺乏社交，琳琳逐渐表现出情绪波动，甚至在幼儿园也不愿与小朋友互动，出现了性格上的孤僻倾向。

与同龄人的互动，能够帮助孩子在社交环境中感受到支持和归属感。然而，超前学习的负担让琳琳的生活单一而紧张，这不仅影响了她对待学习的态度，也可能让她在未来的社交场合中产生问题。孩子的成长不仅仅是知识的积累，更是心理和社交能力的同步发展，若这些基本需求被忽视，他们未来的成长之路将缺乏坚实的基础。

总之，超前学习的初衷是为了孩子的未来，但实际结果却往往不尽如人意。我们在教育上需要放缓脚步，尊重孩子的成长节奏。学习并不是一种竞赛，重要的是在合理的步调下激发孩子的求知欲，而不是填鸭式地灌输知识。琳琳的案例提醒我们，教育的重点应放在保护孩子的天性、支持他们的兴趣发展上，而非一味加压。

超前学习并不能真正帮助孩子获得长久的学业优势，反而可能带来不良的心理影响和社会适应问题。孩子的教育需要建立在他们的心理承受能力之上。尊重孩子的成长规律，顺应他们的学习兴趣，让他们在健康的环境中成长，才是家长应当给予的支持和关爱。

打破“抢跑”焦虑：培养持续学习的能力

在和家长的交流中，有一位周女士的案例让我印象深刻。周女士一直希望发掘女儿小芸的潜力，尤其在发现她喜欢手工制作之后，更是精心规划了许多兴趣班。从绘画、陶艺到科技类手工，小芸的业余时间被填得满满当当。然而，时间一久，小芸开始表现出厌倦情绪，对手工也越来越排斥。她在家中甚至拒绝接触之前热爱的积木和涂鸦，家人谈到任何创意活动时她也提不起兴致。周女士这才意识到，“兴趣培养”

变成了另一种无形压力，而小芸的积极性和原本的创造力也被抹去了。

从长期来看，真正的学习动力并不来自抢跑，而来自孩子内在的兴趣和主动性。要减轻抢跑焦虑，家长可以试着从培养孩子的持续学习能力着手。以下几点是帮助孩子在兴趣、习惯、情绪上平稳前行的有效策略。

引导孩子探索兴趣，而非盲目填鸭

在我的实践经验中，学习兴趣远比单纯的知识积累更重要。家长可以在日常生活中留意孩子的兴趣，观察他们在哪些活动中最为专注。例如，对喜欢讲故事的孩子，可以鼓励他们多阅读故事书；而对动手能力强的孩子，则可以通过实验、模型来满足他们的求知欲。兴趣是最好的老师，唯有让孩子对学习感到好奇和乐在其中，才能够帮助他们培养真正的学习动力。

适当的兴趣探索也有助于孩子找到热爱的方向。例如，有家长在孩子的兴趣萌芽期便提供大量资源支持，但过多的课程让孩子疲于应对。家长可以先尝试一到两种简单的兴趣班，不必为了“抢跑”而让孩子早早陷入学习的压力之中。

适度放手，让孩子承担独立学习的责任

不少家长因担心孩子学业跟不上，往往亲力亲为，甚至事无巨细地包办所有学习安排。实际上，适度“放手”是帮助孩子逐渐学会独立的必要步骤。我们可以从简单的任务开始，如让孩子自己收拾书包、规划作业时间，并对每一步给予适当的支持。这种在小

事上的独立感，将帮助孩子在学习中培养责任感与自信心。

放手的另一个层面是让孩子体验自主学习的成就感。比如，家长可以为孩子提供选择权，让他们自行挑选课外读物或喜欢的课题。自主选择和探索会让孩子感到自己的努力有意义，从而提升学习的主动性。通过引导孩子逐渐承担责任、完成任务，他们会在生活和学习中找到自己掌控的成就感，这才是真正的成长。

注重学习习惯培养，而非阶段性抢跑

良好的学习习惯是孩子未来持续学习的核心力量，与阶段性的知识学习相比，它的影响更为深远。与其追求短期的进步，不如将注意力放在帮助孩子培养长期可持续的学习习惯上，比如规律性的学习时间、每日的复盘总结等。

在和一些家庭的交流中我发现，孩子在初始学习阶段若能有良好的习惯，即使没有过早学习高年级知识，进入新的学习阶段也能迅速适应。在家长的引导下，孩子能逐渐建立一套自我管理的学习模式，而不是依赖“抢跑”来获得暂时的领先。这种规律、沉稳的学习模式，能够帮助他们在未来的学习道路上行稳致远。

以长远视角看待孩子的学习，而非过分注重眼前成绩

教育的意义并非在于眼前的成绩，而在于孩子未来可以具备自主学习、独立解决问题的能力。家长在

引导孩子的过程中，不妨多从全局和长远的角度来审视他们的成长轨迹。未来社会的竞争力将更多依赖于孩子的独立思维能力、抗压能力和自信心，而不仅仅是短期的高分。家长可以适时将注意力从眼前的分数转向孩子的能力培养，帮助他们在未来的学习生涯中培养适应环境和自我提升的能力。

要想培养孩子的学习力，关键是帮助他们从“被动完成”转向“主动探索”，从“只追求分数”转向“真正理解知识”，从“一时抢跑”转向“持久进步”。只有这样，孩子才能在未来面对各种挑战时依然从容、自信。

教育的本质，其实是激发孩子对世界的兴趣，培养他们持续学习的能力，而不是一味地灌输知识。作为家长，重要的不是一味施压，而是给予适当的引导和陪伴，让孩子找到自己的节奏和方向。成长是一个漫长的过程，绝不是一场短跑。与其为眼前的竞争焦虑，不如帮助孩子养成好的习惯，找到真正热爱的事物，这才是他们未来不断前进的动力源泉。

第三章

点亮兴趣之光：兴趣班与真正的个人成长规划

父母的迷思：
多花钱报班等于全面培养吗

最近几年，很多家长在兴趣班的选择上呈现出一种“越多越好”的倾向，仿佛将孩子的时间表安排得越满，他们的成长也会越丰富。然而，这种“多点开花”的培养方式却带来了一些不容忽视的问题。

小禹的父母就是一个典型例子。为了把小禹培养成全能型选手，父母早早为她安排了钢琴、绘画、舞蹈、编程等多个兴趣班，期望她能从中找到自己的兴趣与特长。但不到一年，小禹就表现出明显的疲惫与心不在焉。她不仅对这些课程提不起兴趣，甚至在日常的学习中也出现了抵触情绪。

兴趣班误区一：越多越好

很多家长都抱有这样的想法，觉得参加的兴趣班多，就能让孩子的能力发展得更加全面，甚至从中激发出潜在的兴趣和天赋。然而，事实是过多的兴趣班安排可能带来相反的效果。尤其对于 3 ～ 6 岁的孩子来说，每周 1 ～ 2 个兴趣班的安排是比较合适的，因为过多的课程容易让孩子感到疲惫，逐渐对新事物失去好奇心。事实上，精简课程、不盲目跟风，让孩子在真正感兴趣的活动中深入体验，往往才能带来更好的成长效果。

兴趣班误区二：高昂的教育投资等于高回报

在我接触的家长中，不少人会优先选择高价兴趣班，认为收费越高，课程就越优质，甚至孩子的成长也会更有保障。然而，兴趣班的效果与其价格并不成正比，更重要的是看课程是否符合孩子的兴趣和个性。家长不妨在课程开始前安排试听课，观察孩子的反应与喜好，以便做出合理的选择。其实，一些收费适中的社区课程反而因其氛围融洽，能够激发孩子更大的兴趣。选择兴趣班时，家长应更加理性，避开价格和名气的陷阱。

通过我自己给孩子报班的经验，我发现让兴趣班真正发挥作用，关键在于三个方面：观察孩子的自然兴趣和表现，给予尝试和调整的空间，避免过度追求数量和攀比心理。

观察孩子的自然兴趣和表现

孩子的兴趣往往在日常生活中有所显现。我们可以多留意孩子在哪些活动中表现出特别的专注力，比如，喜欢涂涂画画的孩子可能适合报绘画班，对积木和拼装类玩具表现出极大兴趣的孩子，则可以尝试拼装或工程类课程。通过观察，家长能更精准地捕捉孩子的兴趣点，而不是盲目报班。

给予尝试和调整的空间

兴趣是一个动态过程，尤其对年纪较小的孩子来说，兴趣班的选择可以保持一定的灵活性。家长可以让孩子先进行不同课程的短期体验，观察孩子的反应和喜好，根据孩子的反馈进行调整和选择。这样不仅避免了孩子因不喜欢而产生的排斥情绪，还能让他们逐步找到真正喜欢的领域。

避免过渡追求数量和攀比心理

在兴趣班的选择上，不少家长受到周围朋友、同事的影响，以至于不自觉地参与了“报班竞赛”。但我们需要明白，兴趣班的真正目的在于丰富孩子的成长体验，而不是成为家长炫耀的资本。在报班时，家长可以专注于课程内容和教师的教学态度，而不是只关注价格和名气。

兴趣班的意义，应该是给孩子一个轻松的探索机会，而不是让他们背负学习的压力。只有家长放平心态，看清兴趣班的真正功能，孩子才能从中感受到快乐和自信。教育的关键，不是把孩子的时间安排得满满当当，而是帮他们找到真正喜欢的东西，激发他们对世界的好奇心。

探索孩子的天赋与兴趣：
如何在兴趣与能力之间找到平衡

邻居家的小男孩航航是一个让我印象深刻的孩子。小小年纪的他特别喜欢拼装玩具，展现出很强的空间想象能力。他的父母一开始并不看好这个兴趣，认为玩积木不够“实用”，便为他报了少儿编程班，期望他能学点“有用的”。然而，航航对编程并没有兴趣，课堂上总是心不在焉，甚至在课后对拼装玩具也提不起劲了。意识到问题后，他的父母才重新考虑，让他继续玩拼装玩具，并报名参加了乐高课程，进而发现航航的专注力和理解能力在这一领域表现得非常突出。

这个例子很典型：我们常常在孩子的兴趣和能力之间犹豫不决，总会因为“这个有用吗？”的实用性考量而干扰判断。那么，怎样才能既尊重孩子的兴趣，又平衡他们的能力发展呢？

关注孩子日常中的兴趣表现

孩子的天赋与兴趣通常会在日常生活中不经意地流露。家长可以观察孩子在不同活动中的专注力，注意孩子是否会在特定活动中表现出独特的专注和理解力。这些小细节往往暗示着孩子的潜在兴趣和天赋。通过细致观察，父母能更好地理解孩子的兴趣，选择更符合孩子兴趣的课程，而不只是关注所谓的“热门”课程。

允许尝试不同课程并适时调整

兴趣班的选择并不是一成不变的，尤其对 3 ～ 10 岁的孩子而言，他们的兴趣会随年龄和经历逐渐发生变化。家长可以鼓励孩子尝试不同的兴趣班，让孩子有机会找到最能激发兴趣的活动。比如，先从低强度的课程入手，观察孩子的反应，再根据实际情况进行调整，帮助孩子逐渐聚焦在更符合其兴趣的课程上。

平衡兴趣和挑战

我一直认为，兴趣班的作用不仅仅在于“好玩”，适当的挑战更能激发孩子的成长动力。就拿航航这个例子来说，他在拼装玩具上表现出极大兴趣时，乐高课程的设置不仅满足了他的爱好，还提供了适当的难度，让他在探索兴趣的基础上获得成就感。所以家长在选择兴趣班时，可以优先选择具有一定挑战性的课程，帮助孩子在兴趣与能力之间找到良好的平衡。

与孩子沟通，尊重他们的选择

孩子在探索兴趣时会遇到困难和疑惑，家长的引导和支持至关重要。我们可以多与孩子交流，倾听他们的反馈，适时提供引导和鼓励。这样的沟通不仅有助于增进亲子关系，也让孩子在面对新挑战时有安全感，培养他们的自信心和解决问题的能力。

在兴趣与能力的平衡中，家长的支持与尊重不可或缺。通过细致的观察和适度的引导，父母可以帮助孩子在兴趣和能力之间找到一个良好的结合点，让他们既能够享受探索的乐趣，也能逐步获得能力的提升。

从被动学习到自主学习：

如何让孩子爱上学习

相比单纯依赖兴趣班，我接触的家长中有不少人也关注如何让孩子逐步从“被动学习”过渡到“自主学习”。比如，我朋友的儿子明明就是一个典型例子。他从小就热衷于动手设计玩具，但父母并没有急于把他送进手工班或设计班，而是在家中为他布置了一个“创意角”，提供了丰富的手工材料。明明不仅热衷于在家创作，还自主寻找相关书籍和视频。这种自由探索的环境，让他在兴趣驱动下逐步培养起自主学习的习惯。

创造宽松的学习环境

孩子的自主学习离不开轻松自由的氛围。我们可以在家中为孩子设置一个“学习角”或“创意角”，让孩子有一个不受干扰的环境自由创作。通过给孩子提供需要的材料和工具，他们可以按照自己的节奏学习，不再受制于兴趣班的固定安排。这种环境让孩子逐步将学习视为一种乐趣，成为他们自发探索的动力。

积极反馈和鼓励

明明的父母在他完成作品后，常常鼓励他展示给家人。这种认可不仅让孩子感到自豪，也让他获得继续探索的动力。每当孩子完成一个作品或达成一个小目标时，家长给予的积极反馈和认可，都能帮助他们建立自信心。

引导孩子记录成长过程

家长可以帮助孩子建立一个成长记录本，记录下他们的作品、学习心得和重要时刻。通过回顾这些记录，孩子能够清晰地看到自己的进步，不断体会到努力带来的成果。每次记录都像一块垫脚石，帮助孩子一步步走向更深的探索，让他们对学习的热情更加持久。这种成长记录不仅能让孩子激励自我，也能帮助家长和孩子一同回顾，并适时调整学习计划。

提供适当的自主学习资源

一旦孩子表现出对某个领域的浓厚兴趣，家长可以为他们提供相关的书籍、视频或社区活动，进一步支持他们的探索。但在这个过程中，家长的角色应是协助而非主导。比如，明明的父母会为他挑选一些创意手工类书籍，但不会要求他完成书中的所有项目，而是尊重他的兴趣，给予他足够的自主权。这种支持不仅帮助孩子继续探索，也使他们在自主学习中保持积极的态度。

培养时间管理意识

为了进一步引导孩子培养自主学习的能力，家长可以和孩子一起制订轻松的学习计划，比如每周固定一段时间作为“自由创作时间”或“自主学习时间”。

这种时间安排可以帮助孩子逐步培养时间管理的能力，让他们在学习的过程中逐渐建立自律性，同时也让孩子学会合理分配时间，做到劳逸结合。

通过这些方法，可以慢慢引导孩子从兴趣班过渡到自主学习。学习不应该只是“被安排的任务”，而是让孩子感受到主动探索的乐趣。只有当孩子从内心喜欢上学习，他们才能在未来成长的路上拥有真正的动力。发自内心热爱学习的孩子，会一步步培养出独立学习的能力和自信，这才是陪伴他们走向未来最重要的力量。

第四章

超越高考：多元化路径同样通往成功之路

高考并非唯一出路：
解读多元教育选择

高考曾长期被认为是孩子通向成功的主要途径，但随着社会发展，家长逐渐意识到，优秀的教育资源和丰富的成长机会并不局限于高考一条路径。一些数据表明，中国的高考录取率逐年提升，尽管高考的门槛在降低，但名校资源的竞争依然很激烈。每个孩子都有自己的天赋和特点，适合他们的道路也不相同。

家长需要做的是，帮助孩子找到适合他们发展的方向。

文文从小热爱自然科学，尤其对地质和生物充满兴趣。然而，父母考虑到她的成绩并不拔尖，认为通过高考进入名校难度较大，便决定帮助她寻找其他成长路径。他们为文文报了学校组织的“综合评价”项目，并申请了本地高校的强基计划。在她获得入围资格后，该大学综合考核了文文的科学竞赛成果和面试表现，最终将她录取至自然科学学院。文文的案例表明，合理的规划和多元化的升学途径同样可以帮助孩子找到心仪的专业方向。

以下是我给大家列举出的几种多元化的路径，可以参考。

强基计划

强基计划适合学术成绩优异、基础学科拔尖的学生。每年3月高校会公布招生简章，4月进行报名，6月参加高考并完成学校的入围考核。这项计划录取学生较早，未被录取也不影响后续的本科一批次录取。

综合评价

综合评价适合综合素质优秀的学生，它主要考量学生的学科特长、道德表现、竞赛成绩等。大学会结合高考成绩和学生表现进行综合研判，择优录取，适合成绩位居年级前列且有丰富竞赛经验的学生。

专项计划

专项计划包括国家专项计划、高校专项计划和地方专项计划，适合贫困地区的学生。学生可以通过专项计划获得名校入学机会。对家庭经济相对困难的学生来说，这是一条有助于实现教育公平的途径。

高水平艺术团和运动员计划

艺术团和运动员计划适合在艺术、体育等领域有特长的学生。部分重点高校会以较低的学术门槛录取艺术团成员和运动员，为他们提供一条实现学术和特长兼顾的成长之路。

建议家长多方探索，理性规划。在这里提醒各位家长，可以在孩子高一、高二期间多关注多元化升学信息，定期查看各大高校的招生简章，帮助孩子有方向地准备。多元教育路径并非捷径，而是帮助孩子找到适合自己的位置，避免一味追随高考的竞争，进而缓解家长的焦虑。

特色学校、艺术特长
与国际化教育的可能性

在国内，高考路径仍然是主流，但越来越多的家庭开始探索特色学校、艺术特长生途径以及国际化教育，为孩子寻求更符合个性发展的教育方式。这些教育途径可以让孩子在适合自己的环境中学习和成长，开阔眼界，积累更多经验，让教育的选择更加灵活和多样化。

小杰从小喜爱音乐，尤其擅长小提琴。

他的父母在高考前咨询了多所高校的艺术团招生政策，发现某所重点大学的高水平艺术团正需要弦乐团成员。通过一系列筛选和面试后，小杰获得了艺术特长生资格，以较低的高考分数被录取。这一经历让小杰的父母认识到，特长并非“副科”，而是孩子成功的重要因素。

特色学校：个性化教育环境

特色学校在国内逐渐兴起，主要包括科技创新学校、双语学校、艺术学校等。特色学校的课程和教育资源往往更符合学生的兴趣需求，有助于他们在特定领域获得深度发展。

科技类特色学校。适合对自然科学和工程技术感兴趣的学生，学校提供实验室和实践平台，鼓励学生参与科学创新。

双语学校。以英语或其他语言为主的双语教学环境，不仅培养语言能力，也增强了跨文化沟通能力。

通过入读特色学校，孩子们能在兴趣和特长领域获得系统培养，为将来的职业发展奠定基础。

国际化教育：多文化融合与全球视野

国际化教育尤其适合想要开拓视野、有留学意向的学生。国际学校或中外合作办学的模式，通常采用A-Level（英国普通教育证书高级水平考试，Advanced Level）和IB（国际文凭，International Baccalaureate）等国际课程体系，这些课程重视学术思维、跨文化交流，适合有多元文化需求的家庭。家长在选择国际化教育时可以考虑以下因素。

1. 学术体系

A-Level（Advanced Level）

适合那些专业方向明确、希望在特定学科领域深入发展的学生。A-Level课程允许学生选择3～4门主科进行深入学习，每门科目分为AS级和A2级，确保学生在两年内达到高水平的学术能力。这种体系灵活性高，便于学生根据未来的大学专业和职业规划进行科目选择，如数学、物理、化学、生物、历史等，确保他们在申请全球顶尖大学时具备竞争力。

IB（International Baccalaureate）

更强调全面发展，适合希望在多个学科领域均衡发展的学生。IB 课程涵盖六个学科领域，并要求学生完成拓展论文（Extended Essay）、理论知识（Theory of Knowledge，TOK）课程以及创造、行动与服务（Creativity，Activity，Service，CAS）项目。IB 注重培养学生的批判性思维、跨学科融合和全球视野，使他们不仅在学术上有所建树，还具备解决复杂问题的能力和较强的社会责任感。

2. 语言水平

国际化教育对语言有较高要求，尤其是英语。为了确保学生能够顺利适应全英语的学习环境，家长应在早期阶段积极培养孩子的语言兴趣和自信心。让孩子参加专业的英语培训班或聘请经验丰富的家教，系统提升听说读写能力，特别是口语表达和写作技巧。

在家庭和日常生活中创造双语环境，如参与英语角活动、观看英文影视作品、阅读英文书籍，帮助孩子在实际应用中增强语言能力。

鼓励孩子参加国际交换生项目或海外夏令营，通过沉浸式的语言环境提升实际语言运用能力，并增强跨文化交流经验。

3. 经济支持

国际化教育并不是经济富裕家庭的专属，普通家庭也可以通过各种方式为孩子创造条件，帮助他们实现多元发展。比如，很多国际学校和中外合作办学项目都会提供奖学金，无论是学术成绩优秀还是在某些特长领域有表现的学生，都有机会获得资助，从而减轻家庭的经济压力。另外，一些金融机构和教育平台也提供助学贷款或分期付款的服务，让更多家庭有能力承担国际化教育的费用。

提早规划专业：让孩子更有方向

在如今激烈的教育竞争中，孩子的专业选择和未来职业方向，早已不是高三才需要考虑的事了。较早帮助孩子进行合理规划，不仅能让他们在未来的竞争中占据优势，还能让孩子在探索中逐渐明确自己的兴趣和潜力。规划并不是简单地选学校、定专业，而是要在孩子成长的过程中，引导他们一步步找到最适合自己的方向。这一节将围绕规划的关键时间点、如何发现兴趣，以及家庭该如何支持孩子，为家长提供一些实用的建议，帮助孩子提早为未来做准备。

何时开始规划专业方向

提前进行合理的专业规划能帮助孩子在未来的升学和职业选择中更加从容。以下是从初中到高中的关键规划阶段。

1. 初中阶段：兴趣探索与广泛接触

初中是孩子接触不同学科的初始阶段，这个时期家长可以帮助孩子培养广泛的兴趣，提供尽可能多的学科体验。通常这个时候无须让孩子确定专业方向，但可以通过观察孩子在不同学科的表现，帮助他们找到学习的乐趣。打个比方，如果孩子对自然科学表现出好奇心，可以安排自然探究活动，或通过参观科普馆等方式加深兴趣。这一阶段的探索可以为未来的方向选择打下基础。

2. 高中早期：重点学科选择与兴趣加深

高中初期（高一）是孩子选定重点学科的关键期，家长可以帮助孩子分析各学科的学习情况，引导他们加深对感兴趣学科的理解。这个阶段可以通过参加夏令营、学科竞赛、讲座等方式，让孩子在实践中检验自己的兴趣。例如，参加科技类夏令营能让孩子亲身体验科学探索的乐趣，感受到动手实践的魅力，为以后学习方向的选择或者职业规划打下基础。

3. 高中后期：目标明确与实际操作

高二、高三阶段是规划具体专业方向的重要时期。孩子在这个阶段的学科学习已经有了明显的侧重，家长可以和孩子一起结合实际情况，明确未来升学和职业方向。鼓励孩子在自己擅长的学科领域深入学习，为未来升学和选择专业做好准备。

如何科学规划专业方向

科学规划是让孩子在探索中找到真正适合自己的发展方向。家长可以通过兴趣分析、职业体验和沟通支持，帮助孩子做出适合的决定。

1. 兴趣导向：挖掘孩子的内在热情

在专业选择上，兴趣是维持长期动力的关键。家长可以通过观察孩子在不同学科和活动中的表现来发现兴趣方向，例如孩子对科技创新表现出好奇心，或在艺术方面表现出灵感。通过日常观察、沟通以及兴趣班的参与，帮助孩子逐渐发现自己的兴趣和潜能，避免一味追求所谓的热门方向。

2. 职业认知：培养现实的专业认知

兴趣是基础，职业认知则是科学规划中不可或缺的实际参考。家长可以带领孩子了解不同专业与职业之间的关联性，并通过实际体验帮助他们建立现实的职业认知。比如，参加职业体验营或观摩职业工作室，能让孩子在亲身参与中感受到不同职业的特点与要求。此外，家长可以引导孩子查阅相关书籍、纪录片等资料，了解专业的学习内容、就业方向，为未来做出更合理的判断。

3. 逐步培养目标意识

引导孩子在不同成长阶段设置合理目标，能帮助他们逐步培养生涯规划意识。在初中、高一阶段，可以设立一些小目标，比如提升某科成绩、参与社会实践等。在逐步实现这些小目标的过程中，孩子将建立起自我管理和规划能力，并更明确个人喜好。这样的实践体验对未来专业方向的选择尤为重要。

家长往往对未来的规划怀有不确定性，但现代教育为孩子提供了多元化选择，我们可以鼓励孩子探索不同的成长路径。高考不再是唯一的选项，家长应理解不同路径的价值，让孩子根据自身特点找到适合的专业领域和职业方向。

通过合理的规划和有力的支持，我们可以帮助孩子为未来的升学与职业发展打下坚实基础。科学的专业选择不仅能帮助孩子增强自信和自主性，还能让孩子在未来多变的社会环境中找到合适的位置，实现稳健发展。

第五章

留学背后的思考：
不只是远行，更是格局的拓展

留学热潮的背后：
家长们的留学焦虑

这几年，出国留学似乎成了一种趋势，甚至是某种“标配”。尤其是很多家长似乎都希望孩子通过留学，走出一条“起点更高”的人生路。但留学这件事不仅仅是选择一所学校、一个专业那么简单，它背后牵扯到的情感、经济、文化适应等问题，常常让人纠结和焦虑。

成才焦虑：留学是否就是“成功”的捷径

作为父母，我们总是希望孩子接受更好的教育，赢在起跑线。我们这一代人吃过生活和工作的苦，从内心而言都希望下一代拥有更轻松的生活。因此，很多人不由自主地把“出国留学”与“未来成功”画上了等号，觉得这是孩子进入大公司、拿高薪的捷径。然而，在和许多家长的交流中，我发现一个问题：家长对留学的期待往往过于单一，甚至有些“神化”。但事实上，留学只是众多成才路径中的一种，它既不会必然通向成功，也不是唯一的出路。过度的期待可能会让孩子和家长都背上沉重的心理包袱。

安全与适应焦虑：孩子真的准备好了吗

作为一位母亲，我完全能够理解家长对孩子安全和适应能力的担忧。孩子独自踏上异国他乡，不仅要面对文化差异和语言障碍，还要迅速适应陌生的环境，这对他们的独立性和心理韧性都是巨大的考验。几年前，我的一个朋友刚送孩子去留学，她几乎每天都担心孩子吃不好、睡不好、交不到朋友。尤其最近几年，国外的一些治安问题和国际形势的波动，让很多家长觉得留学的不确定性越来越大。家长焦虑的不仅是孩子在学校的学习，更是他们在陌生环境里的每一天是否都能平平安安地度过。

家庭财务压力：这笔投入到底值不值

对很多普通家庭来说，留学费用是一笔不小的开支。即使经济条件不错的家庭，面对高昂的学费、生活费，也会不自觉地担心：这么大的投入，将来能

“回本儿”吗？我自己也曾经纠结过，尤其是听到一些孩子留学回来后，选择了并不高薪的行业，家长心里难免会有落差。但回过头看，这种担忧的核心，其实是我们希望“投资”孩子的未来时，能看到明确的回报。然而，教育的意义并不是一个简单的“性价比”问题，而更在于孩子在留学过程中获得的眼界、思维方式和独立成长。

结合以上几点疑虑，从我自己的观察和经历来看，家长面对留学这个话题时，焦虑是非常正常的。我能切身体会那种既希望孩子走得更远、更好，又担心他们吃苦受累，甚至走弯路的矛盾心情。可是，这种焦虑如果不加以调节，很容易变成我们做决定时的绊脚石。

其实，留学的意义不应该被功利化。如果我们只想着“花了这么多钱，孩子一定要有大出息”，那么无论结果如何，心里都很难真正平静下来。留学是让孩子开眼界、长见识的机会，更是他们学会独立面对世界的一种锻炼。在这个过程中，他们会经历困难，也会学到成长的智慧，而我们作为家长，应该更多地关注孩子的心态和适应能力，而不是单纯地看结果是否“值得”。

我一直觉得，孩子的人生是他们自己的，而我们能做的就是在关键的时候提供支持。比如，尽可能帮助他们提前了解留学生活的真实面貌，让他们从心理上和能力上做好准备。也要清楚，每个孩子的特点和节奏不一样，有些人适合走得快一些，有些人则需要时间慢慢摸索。我们需要尊重这种差异，不要用别人家孩子的标准来要求自己的孩子。

另外，关于经济方面，我觉得更重要的是找到适合家庭能力的平衡点，而不是一味“砸锅卖铁”送孩子出国。选择合适的学校和国家，合理规划留学预算，都是为了让这段旅程少一些负担，多一些轻松。我一直相信，一个幸福而安稳的家庭氛围，比单纯的金钱投入重要得多。

所以，留学本质上只是孩子成长过程中的一种途径，不要把它当成唯一的或最后的机会。我们的焦虑其实可以通过理性的准备和开放的心态来化解。在帮助孩子做出选择时，我们要多一点耐心，少一点执念。因为最终，我们想要的不过是孩子能在未来的路上走得踏实、走得快乐，而这比一切成绩和回报都重要。

留学面临的挑战：
文化、环境与机会

选择留学的过程其实比我们想象的复杂得多。它不仅仅是选一所学校、一个专业，而且是为孩子选择一种全新的文化生活和教育方式。作为一位母亲，我深刻体会到，在这个过程中，我们需要综合考虑的不仅是学术因素，还有孩子的文化适应能力、生活环境的舒适度，以及未来的发展机会。

文化适应性：孩子能否找到自己的节奏

文化差异是孩子出国留学需要面对的第一个挑战。我见过不少孩子因为无法融入当地文化而过得很痛苦。比如，我认识的一位朋友美华，她的儿子去英国读书，刚开始特别抗拒参加社交活动，总觉得别人不喜欢自己。后来，在室友的带动下，他尝试参加学校的羽毛球俱乐部，渐渐地，通过打球认识了不少朋友，也慢慢适应了当地的生活方式。美华后来跟我说，孩子从最初的“说不上话”到后来能在很多场合主动和同学聊天，整个人变得开朗了很多。

有些孩子可能天生外向，很快就能融入新环境，而另一些孩子需要一点时间和帮助才能适应。这时，家长可以提前为孩子做铺垫，比如，多让他们接触目标国家的文化背景——通过看电影、读书、旅行、研学等，帮助他们逐步建立对新文化的认知。每个孩子都有自己的节奏，重要的是找到适合自己的方式去融入。

生活环境：不仅仅是安全，还有内心的安稳

生活环境的选择直接决定了孩子的留学体验。我身边有家长因为担心孩子安全，反复对目标学校周边的环境做调查，甚至亲自跑去实地考察。其实，这种谨慎是必要的，毕竟一个安全、便利的环境，会让孩子在异国他乡有更多的信心去面对生活。

但仅仅考虑物质层面的安全还不够，心理上的安全感同样重要。我侄女去加拿大的时候，第一年因为思乡和孤独感，晚上经常失眠，学习也提不起劲。后

来，她加入了学校的国际学生协会，不仅找到了很多同胞朋友，还通过协会的活动接触到了其他国家的同学。那些暖心的朋友和小聚会，让她逐渐在加拿大有了“家”的感觉。

我始终觉得，留学的生活环境，除了安全、便利之外，还需要给孩子提供心灵上的支持。不管是社交、兴趣爱好，还是文化活动，都可以帮助孩子在陌生环境里找到归属感。作为家长，我们需要做的是鼓励他们勇敢走出自己的小圈子，去试着拥抱新的生活。

机会成本：要看孩子未来的方向

每个国家的教育体系和发展机会都有很大的不同，我觉得选择留学目标学校的关键是看孩子未来的目标和特点。我有个同事的儿子选择了美国，他特别喜欢工程类的动手实践课程，而美国的教育正好非常强调这方面的训练。同事给他找了一所鼓励学生参与科研和实习的大学，他大一时就加入了一个实验室项目，大二还去硅谷的初创公司实习了一段时间。另一个朋友的女儿选择了英国，因为她更喜欢学术研究，而英国的学制短，专业课程集中，她觉得很适合自己。

不难发现，留学不仅仅是“选名校”，更是要找和孩子未来规划契合的学校。有的孩子可能适合长时间的实践和积累，有的则需要快速进入职场或者进行学术深造。多和孩子聊一聊他们的兴趣，甚至和学校的招生官、留学顾问沟通，都能帮助我们更清楚地了解这些选择背后藏着什么样的未来可能性。

对孩子来说，留学是一段全新的成长旅程，对家长而言，则是一场抉择和心理的考验。文化、环境和机会，每个因素都关系到孩子的未来方向，但最终起决定作用的，还是孩子自己能从这段经历中收获什么。无论他们将来走向哪里，家长都希望他们能带着更大的格局、更强的独立性，以及更深的自我认知，踏上更宽广的人生道路。而我们所能做的，就是为这段旅程提供足够的支持和信心，陪伴他们迈出这重要的一步。

从世界看教育：
如何让孩子具备全球视野

如今，很多家长希望孩子有更宽广的眼界，而不仅仅局限在自己的小圈子里。

其实，这种全球化视野并不是靠一纸留学文凭就能轻松获得的，它更像一种能力，让孩子能够理解不同文化的价值，看待问题时更包容、更全面。

在这个过程中，家长可以做的事情有很多，但关键是从生活的点滴开始，帮助孩子逐步建立起这种视角。

学语言，不只是为了考试

语言是我们认识世界的第一扇窗。学一门外语不仅仅是为了考试分数，更是为了打开另一种文化的认知方式。有一次，我的一个朋友带着她 10 岁的儿子去法国旅游，因为孩子提前学过一些法语，不但能点菜，还能用简单的问候语和当地人交流，得到了不少善意的回应。孩子回来后特别有成就感，主动想要学更多的法语。这让我明白，语言的意义远不止课堂上的书本，它能让孩子感受到文化之间的联系。

所以，不妨从孩子感兴趣的语言和文化入手，让他们学一点、用一点，不一定要多么专业，但一定要让他们感受到语言背后文化的魅力。比如，学习西班牙语时，可以一边看西班牙的动画片，一边了解当地的音乐和美食，这种结合让学习不那么枯燥，也更容易坚持。

参加国际交流活动，增长见识和包容心

孩子接触不同文化的最好方式之一，就是参加一些国际化的活动。比如，模拟联合国、夏令营或者跨文化的线上交流项目，都能让他们和不同国家的孩子一起合作，甚至成为朋友。这些经历能让孩子更好地理解“每个人都有自己的独特之处”，也能培养他们的包容心。

我曾经建议一位家长让她的女儿参加了模拟联合国活动。一开始，女孩很紧张，不知道怎么跟陌生的同龄人交流，但后来她在团队中慢慢找到了自己的位置，还能用英语发言，表达自己的观点。回来后，她不仅更自信了，还会主动和父母聊一些国际新闻。这

种经历对孩子来说，比单纯坐在课堂里听讲更有意义。

多问几个“为什么”，让孩子学会独立思考

我们希望孩子拥有全球视野，但这不仅仅是多了解几种文化那么简单，更重要的是他们要学会独立思考，有自己的判断力。这其实可以从日常生活中逐渐培养，比如，看新闻时，多问孩子几个“为什么”：为什么有些国家经济发展得快，有些却很慢？为什么环保问题会影响到所有人？通过这样的讨论，孩子能慢慢学会从不同的角度看问题，而不是盲从别人给出的答案。

我儿子有个同学，他的家长经常和他聊

国际新闻，有一次他们谈到气候变化，孩子突然冒出一句话："那我们家是不是也可以减少一次性塑料的使用？"虽然这只是一个小小的改变，但孩子已经开始用自己的方式思考问题，这才是我们想看到的成长。

家里的国际化氛围，也能培养大格局

有些家长可能会问，如果没有机会送孩子出国或者参加什么大项目，是不是就很难培养全球视野？其实不然。在家里，我们同样可以给孩子营造一种国际化氛围。比如，一起看一些反映不同国家文化的纪录片，或者通过书籍让孩子了解不同国家的历史和传统。经典的动画片、旅行记录、外国电影，都能让孩子感受到不同文化的魅力。

我记得有一次，我和孩子一起看了一部关于非洲野生动物的纪录片。看完之后，他不仅记住了许多动物的名字，还对非洲的生活充满了好奇，甚至开始研究地球仪，找出非洲的位置。这样的体验虽然简单，但足以激发孩子对世界的兴趣。

为未来做好准备，培养适应力

最后，培养孩子全球视野最重要的一点，是让孩子具备更强的适应能力。未来的世界变化很快，有了全球化视野，他们不仅能更好地与不同背景的人合作，也能在各种环境中找到自己的位置。比如，有的孩子可能会选择出国留学，有的则在国内读国际课程，这些选择本身并没有优劣之分，关键是找到适合孩子的道路，让他们能看得更远、走得更稳。

作为家长，我们能做的就是在孩子的成长过程中，多给他们一些体验世界的机会，无论是语言学习、文化交流，还是在家中的小小互动，这些都能成为他们未来认识世界的起点。毕竟，眼界的宽广，更多来自生活中的点滴积累，而不是通过一张留学文凭就能轻松获得的。

第六章

如何培养心理韧性：心力才是孩子未来竞争力的核心

好的父母是最好的疗愈师：
家庭心理环境对孩子的影响

一个温暖的家庭环境，对孩子的心理健康真的太重要了。父母不仅仅是孩子的养育者，也是他们的疗愈师。在孩子面对压力和挫折时，父母的接纳和支持可以帮助他们找到安全感，学会如何应对情绪和问题。其实，培养心理韧性并不是什么高深的学问，就是在日常生活中多一点理解和陪伴，用心去观察孩子的情绪变化，让孩子知道，家是他们永远的避风港。

我认识一个孩子小乐，特别敏感也很害羞。在一年级的时候，他总是特别安静，很少举手发言。老师也说他好像怕出错，哪怕知道答案，也不敢开口。有一段时间，小乐变得更加沉默，甚至回到家也不愿意说话。

小乐的妈妈是个细心的人，她没有急着批评或者强迫孩子变得“勇敢”，而是慢慢地和他聊了很多次。她问小乐：“是不是觉得在课堂上发言很难？为什么会害怕呢？”小乐告诉妈妈，他总是担心万一回答错了，会被同学笑话。听完孩子的话，妈妈没有直接说“别怕”或者“你想多了”，而是很认真地告诉小乐：“这种担心是很正常的，但咱们可以试着看看它到底有多可怕。”

后来，小乐的妈妈和他一起做了个“情

绪瓶”的小练习：每当小乐感到害怕或者不安时，就把自己的感受写在纸条上，放进一个玻璃瓶。每天晚上，妈妈都会陪着他打开瓶子，看看写了些什么。妈妈会和小乐一起讨论：这些情绪从哪里来？它们真的像想象中那么可怕吗？时间长了，小乐渐渐明白，那些害怕和不安其实也没那么吓人。

过了几个月，小乐开始敢在课堂上举手回答问题了，甚至有时候还主动向老师提问。他的胆怯慢慢减少了，整个人也变得更加自信。我特别感慨，小乐妈妈的倾听和陪伴，就是帮助孩子建立心理韧性的最好方式。

在这里我给大家几点建议，以便为孩子打造一个更加安心的家庭环境。

让孩子知道，无论如何，家是永远的避风港

很多家长会对孩子的表现或成绩有要求，但家长时刻要记住，孩子最需要的是无条件的接纳。孩子犯错、成绩不好时，他们最害怕的就是父母的批评或冷漠态度。你要让孩子知道，家是他们可以完全放松、没有压力的地方，不管在外面遇到多大的问题，他们都可以回到家找到支持。只有在这种环境中，孩子的内心才能平静下来，才能逐步培养起心理韧性。

学会倾听，而不是一味纠正或者评价

孩子有时候会表现出情绪波动，比如突然发脾气、不愿意沟通或者显得很焦虑。这个时候，不要急着说教，也别想着马上解决问题，先让孩子把情绪表达出

来，哪怕他们说的看似没道理，也要耐心听完。这种倾听本身就是一种疗愈的过程。像小乐的“情绪瓶”练习，就是一个很好的例子。孩子有了一个可以释放情绪的地方，就会感到被理解和被接纳。

家长自己也要成为情绪管理的榜样

孩子的情绪应对方式，很大程度上是从父母身上学来的。如果父母在生活中遇到挫折就容易发脾气或者焦虑，孩子也会不自觉地模仿。所以，家长在日常生活中，尽量用冷静和积极的态度去面对问题。比如，当家里发生一些小意外（忘记买重要的东西，或因为突发情况上学马上要迟到了），可以试着和孩子一起找解决办法，而不是先埋怨或慌乱。孩子在这种环境中，会潜移默化地学到如何面对困难。

给孩子时间，允许他们慢慢成长

有些家长总是急着想让孩子“立刻变好”——马上自信、马上懂事、马上优秀，但孩子的成长需要时间，特别是心理上的成长，更需要耐心。无论是小乐的故事，还是生活中其他孩子的例子，都告诉我们：只要家长愿意多花一些时间，给孩子多一点陪伴和鼓励，他们就能在一次次尝试中找到自己的节奏。

其实，培养孩子的心理韧性，不需要特别复杂的方法，也不一定要请专业的心理咨询师。只要家长愿意放下过高的期待，用更多的耐心和接纳去陪伴孩子，每天的点滴交流都能成为一种力量。父母的倾听和支持，会像一盏温暖的灯，照亮孩子成长路上那些阴影和迷茫。陪着孩子一起面对情绪、克服困难，就是在帮他们为未来积累应对复杂世界的勇气和底气。

成长中的挫折教育：
为什么抗压能力比高分更重要

很多家长总是把关注点放在孩子的分数上，但我们不得不面对一个事实：高分并不能保证孩子在未来的生活中一帆风顺。真正能让孩子走得更远的，是他们面对挫折和压力时的抗压能力。这种能力不是天生的，而是需要在一次次的经历中慢慢培养的。

我们小区有个非常爱运动的小男孩叫陶陶，和我儿子关系不错。陶陶是学校足球队的主力队员，对踢球非常有热情。之前听他妈妈跟我分享，有一次，在一场特别重要的比赛中，他因为一次传球失误导致球队失分。比赛结束后，陶陶表现得很失落，甚至提出想退出训练。他的妈妈看出了他的情绪，并没有急着安慰或者责备，只是在场外静静地拥抱他，听他说完他的沮丧和内疚。

后来，妈妈提议一起复盘比赛，她问陶陶："你觉得问题出在哪里？如果下次再遇到这样的情况，你会怎么做？"陶陶一开始有点不愿意，但妈妈一直鼓励他，慢慢地，他回忆起教练讲过的战术要点，意识到自己在那一刻的判断确实出了问题。通过反思，他找到了改进的方法。

几天后，陶陶重新回到训练场上。他不

仅改进了自己的技术，还带领球队在下一场比赛中赢得了好成绩。从那以后，他再遇到类似的挫折时，都会主动反思、总结。这次经历让陶陶明白：失败并不可怕，可怕的是从失败中什么都没学到。

挫折其实是孩子成长中必不可少的一课，但很多家长会忍不住去替孩子“挡住”那些可能带来失败的事情，比如怕孩子受打击，就尽量避免他们失败；怕孩子伤心，就不让他们面对拒绝。然而，孩子如果从小没有机会体验挫折，就很难在将来面对更大的压力和挑战时自如应对。

我们不是要刻意给孩子制造困难，而是要在安全的环境中，让他们慢慢去经历一些小失败，并从中学会调整自己的情绪、找到解决办法。就像陶陶的故事，他经历了一次比赛失误，但在妈妈的陪伴下，他把这次挫折变成了成长的机会。这样的小失败对孩子来说，其实是很宝贵的经验。

在平日里，我们可以通过以下几种方法帮助孩子从挫折中学会成长。

给孩子尝试失败的机会

很多家长害怕孩子失败，但失败其实是孩子认识自己的重要机会。比如，孩子在学业上遇到困难时，不要急着帮他们解决问题，而是引导他们自己去尝试解决。可以问："这次没考好，你觉得是哪个环节出问题了？我们可以怎么改进？"孩子通过自己的努力，找到问题并改进，才能真正学会如何面对下一次挑战。

把错误变成一种学习的机会

错误并不可怕，可怕的是家长一味批评孩子：“你怎么又做错了！”这样的态度会让孩子害怕失败，甚至不敢尝试。相反，家长可以用一种平和的态度，和孩子一起分析错误，找到改进的办法。比如，如果孩子在考试中因为粗心丢分，可以一起讨论：“这次错题是不是因为没检查？我们下一次可以怎么避免？”这样孩子就会明白，错误并不是终点，而是一次成长的机会。

设定合理的目标，帮助孩子找到信心

有时候，挫折并不是因为失败本身，而是因为目标设定得太高，孩子努力后依然无法达到，才会感到失落。家长可以和孩子一起，设定一些适合他们能力范围的目标，让他们通过一点点的进步，慢慢找到成就感。比如，如果孩子数学不太好，可以先设定一个小目标，每天多练习 10 分钟，或者先保证最简单的计算全对，而不是要求大幅提高成绩。通过不断挑战稍高一点的目标，孩子会逐渐增强自己的信心和耐挫力。

我们一定要深刻地理解挫折教育的核心，不是让孩子在失败中感到挫败，而是教会他们如何从失败中站起来。父母的角色，也不是替孩子挡风遮雨，而是陪着他们一起面对风雨。在日常生活中，父母可以通过倾听、引导和陪伴，让孩子学会用自己的方式解决问题。毕竟，未来的路充满未知，抗压能力才是孩子从容应对困难和挑战的真正实力。而这种能力，只有从小在经历和反思中才能慢慢积累。

从情商到逆商：
培养孩子面对挑战的勇气和智慧

在孩子成长的过程中，学会管理情绪（情商）和应对挫折（逆商）是非常重要的能力。这两种能力的结合，能帮助孩子面对生活中的难题时既稳得住情绪，也扛得住压力。情商让孩子懂得理解自己和他人的感受，而逆商则让他们在遇到困难时不轻易放弃，继续往前走。这些能力，说起来有些抽象，其实都可以从生活的点滴中慢慢培养。

有一次，一个叫小希的孩子前来咨询，她因为转学到新学校感到特别不适应。陌生的环境、完全不认识的新同学，让她每天放学回家都很不开心，总是闷闷不乐。她妈妈跟我分享了她的方法。虽然妈妈心里很着急，但她没有强迫小希赶快去交朋友，也没有对她说“没什么好怕的”，而是和她一起商量了一个办法。

妈妈和小希制订了一个“交朋友小计划”：第一天，只需要试着跟一个新同学打个招呼；第二天，主动问一两个简单的问题，比如“你喜欢什么课？”。每天晚上，小希都会和妈妈聊聊她的“进展”，无论好坏，妈妈都会认真听，并鼓励她：“你今天迈出了一步，很棒啊！”慢慢地，小希开始试着和同学多聊几句，甚至主动邀请别人一起玩游戏。几个月后，小希已经完全融入了新集体，还交了几个好朋友。

这个分享让我很有感触。其实，孩子并不需要我们替他们解决所有的问题，而是需要家长在背后默默支持，给他们信心和耐心。小希的妈妈通过陪伴和鼓励，让小希学会了在困难面前慢慢调整自己的情绪，并一点点培养应对的勇气。

怎么培养孩子的情商和逆商？这其实是一个日积月累的过程，不需要复杂的方法，而是在生活的细节中，家长用心做到陪伴和引导。我们可以试着做到以下四个方面，帮助孩子一步步建立情绪管理能力以及面对困难时的韧性。

教会孩子认清自己的情绪

孩子常常会因为情绪一时失控而做出一些过激反应，比如大发脾气或者哭闹。这种情况下，不要急着责备，而是试着和他们一起找到情绪的来源。可以问问他们：“你现在是生气了，还是觉得委屈？”帮助孩子把情绪说出来，是第一步。

我有一个朋友，给孩子做过一份“情绪日记”，每天睡觉前写下自己今天经历的高兴的事、不高兴的事，以及为什么会这样。几个月下来，孩子对自己的情绪有了更多的理解，也学会了更好地表达自己的感受。

鼓励孩子面对困难，不要总是帮他们“兜底”

很多时候，家长看孩子遇到挫折会忍不住出手，比如，孩子功课写错了，家长赶紧改；孩子和同学闹矛盾，家长替他们去道歉。其实，这种“兜底”并不能让孩子真正成长。与其帮他们解决问题，不如陪着他们一起分析：这次失败的原因是什么？如果再遇到类似的事情，能不能换一种方法？就像小希的例子，她的妈妈没有直接帮她约家长约同学，而是一步步引导她怎么去迈出第一步，让她自己去经历那些小小的不适应，逐渐建立信心。

用小小的失败培养抗挫折能力

孩子不是一遇到失败就能学会坚强的，需要通过一次次小挫折，慢慢积累应对的能力。比如，孩子参加比赛输了，可以和他一起复盘比赛过程，看看哪里可以做得更好。重点不是“赢”，而是让孩子知道：失败没什么大不了，重要的是从中学到东西。

通过榜样的故事激发孩子的勇气

孩子对榜样的崇拜天性，可以用来帮助他们培养逆商。比如，可以和孩子一起看一些电影或书籍，了解那些在逆境中坚持不懈的故事。通过类似的案例或故事，让孩子慢慢明白，挫折和失败是每个人都会经历的，但只要坚持，就有可能走向成功。

情商和逆商是孩子成长路上特别重要的两种本事：情商能让孩子更懂得怎样跟别人相处，也能明白自己的感受；逆商则是在遇到挫折和压力时，不轻易放弃，学会坚持。

人生的长路上，我们不可能替孩子挡住所有的风雨，但我们可以陪着他们一起面对。孩子跌倒了，我们扶他们一把，告诉他们怎样站起来，而不是一味地护着，不让他们摔跤。慢慢地，孩子会变得更坚强、更有主见。能调节好情绪、不被困难吓倒的孩子，无论将来遇到什么，都能一步步走过去。这份从容和韧劲，才是父母给孩子最大的财富。

第七章

前瞻未来：AI 时代的教育挑战与机遇

人工智能与教育改革：
未来职业的核心竞争力是什么

我经常和家长们聊一个问题："未来的社会是什么样子？我们的孩子要靠什么站稳脚跟？"坦白地说，这是个没有标准答案的问题。作为一名教育从业者，我自己也在不断琢磨，因为AI的发展实在太快了。许多我们小时候觉得重要的本事，比如记忆力、计算能力，甚至写代码，现在AI做起来比人做得更好、更快。

那孩子们未来该学什么？我想，关键不是“他们能做什么”，而是“他们能创造什么”。

虽然 AI 越来越强大，但我始终相信，人类有一些特质是 AI 不可替代的。正是这些能力，将会成为孩子应对未来的“杀手锏”。

创造力和创新力

AI 可以画画、写文章、生成音乐，但它终究是基于数据和指令操作的，它没有人类那种天马行空的想象力和灵感。我们小时候做梦，可能想着发明飞车，甚至画一张神秘城堡的地图，虽然这些东西看似没用，但它们是创造力的萌芽。

记得我儿子上幼儿园的时候，有一次，

我从客厅一角翻出一堆废纸盒、小棍子，我很疑惑，叫他过来问这是什么。孩子特别兴奋地告诉我，这是他设计的一个简易的“家庭垃圾回收站”。虽然东西很粗糙，但这个创意让人眼前一亮。我们要鼓励孩子去做这样的尝试，美术课、手工班，甚至在家里搞一些简单的小发明小制作，这些看似玩闹的活动，其实是未来创新力的根基。

共情与沟通

AI再聪明，也无法真正感受到人的情绪。它可以识别你的表情，说一些安慰的话，但它不会真正懂得你内心的复杂感受。而人类的共情能力，是建立深度沟通和人际关系的基础。

有一次，我和孩子一起读了一个关于友谊的故事，里面的主人公因为误会和朋友吵架，后来又经历了重归于好的过程。读完后，我问他："你有没有遇到过类似的事情？当时你是怎么想的？"那次讨论，我们聊了很久，甚至延伸到班里的同学关系。孩子通过这些对话，慢慢学会理解别人为什么会这样想，也对自己的行为多了一些反思。

批判性思维和解决问题的能力

虽然 AI 可以给你答案，但你需要知道如何提问，更需要知道答案背后的逻辑是否正确。批判性思维，就是让孩子敢于提出问题，并能从不同角度去看待事情。

记得我侄女上小学五六年级的时候，我带她去超市购物，她指着打折的商品问我："姑姑，这些东西为什么便宜，是不是不好？"我没有直接回答，而是让她去看看包装上的日期和不打折的那些商品的成分表。通过这件小事，她学会了不盲目听信广告，而是从信息中筛选出对自己有用的部分。这种能力，看似不起眼，却是未来职场和生活中不可或缺的。

我们不能再用传统的方法教孩子，未来需要的是更灵活、更具实践性的教育方式。比如，现在越来越多的学校在尝试以项目的形式来学习，让孩子们用小组合作的形式完成一个研究课题或者解决一个实际问题。

有一次，我去听一个小学的课题展示，他们研究的是"如何减少校园塑料垃圾"。每个孩子都有自己的分工，有的负责调查，有的负责数据分析，有的制作海报。这样的学习方式，不仅让孩子们学会了知识，更重要的是锻炼了他们的团队协作能力、沟通能力，以及把理论转化为实践的能力。

作为家长，不用焦虑孩子跟不上时代，也别想着去设计一条完美的路。更重要的是，陪着孩子一起走过学习和成长的过程。和他们聊聊生活里的问题，支持他们的小尝试，鼓励他们为自己找到一条适合的道路。

未来不是我们能完全预测的，但有一点是肯定的：拥有创造力和内心力量的孩子，无论时代怎么变，都能找到属于自己的路。而这些，正是我们作为父母能为他们打下的最好基础。

AI教育时代：如何为孩子规划更具前瞻性的职业路径

在AI迅猛发展的时代，孩子的职业路径该怎么规划？这是很多家长都会思考的问题。传统的“学一门技术就能一生受用”的路子，已经越来越不适用了。AI的能力远超我们的想象，它不仅能高效完成重复性工作，还能处理越来越复杂的任务。面对这样的变化，我们需要重新思考，如何为孩子规划一条更加灵活、多元的职业发展之路。

未来的职业路径不再是简单的“一技之长”，而是对创造力、跨学科思维和适应能力的全面考验。这就要求家长不仅帮助孩子找到兴趣和方向，还要引导他们具备驾驭未来复杂环境的能力。那么，我们如何用更前瞻的方式，帮助孩子在AI时代找到属于自己的舞台呢？

从兴趣开始发现孩子的“热爱点”

很多家长总担心孩子的兴趣没用，害怕培养兴趣会浪费时间。其实，兴趣是孩子最大的驱动力，不仅能让他们更专注，也能成为未来职业的起点。比如，一个孩子既喜欢画画又爱研究科学，未来可能成为一名科普插画师；而一个爱听故事的孩子，也许会在传媒或者文化创意行业找到自己的方向。

兴趣的发现，离不开家长的陪伴和观察。我们可以和孩子一起尝试不同的活动，比如画画、搭积木、编程游戏，甚至动手制作小发明。观察哪些事情让他们特别投入，哪些活动他们愿意反复尝试。这些“热爱点”，可能就是未来发展的基础。

勇于实践，通过亲身体验提升能力

在AI时代，实践能力的重要性越来越突出。与其在教室里“死读书”，不如让孩子多参与实际的活动，培养解决问题的能力。我认识一个孩子，从小就对机械感兴趣。他父母经常鼓励他参加一些动手类的比赛，比如机器人搭建、科技创新大赛。通过这些活动，他不仅学会了如何合作，还能自己解决复杂的问题。他发现自己对智能制造特别感兴趣，带着这样的热爱与坚持，最终成为一名技术创业者。

培养灵活的思维方式

AI时代带来的最大变化之一，是很多职业会更加跨学科，像医学与AI结合催生了智能诊断，艺术与技术结合发展出交互设计。未来我们的孩子，不仅需要在某一个领域有深度，还需要学会用多元视角看问题。

举个简单的例子：如果孩子喜欢文学，同时对科技有兴趣，可以引导他了解数字出版的未来；如果他对生物感兴趣，可以让他多了解生物信息学。通过这种方式，孩子会逐渐理解，职业并不一定是“单一技能”的延续，是可以跨领域找到结合点的。

面对变化保持对未来的开放心态

我经常对家长说，不要急着给孩子的未来“盖棺论定”，很多新兴职业在孩子成长过程中才会出现。比如，我前一段时间在网上看到的几个名词：人工智能道德研究员、空间旅游规划师等。与其把孩子局限在一个固有的框架里，不如和他们一起关注新兴领域的发展，通过讨论和探索来拓宽视野。

去年我的同事带着孩子一起参加了一场科技展览，让我印象很深刻。她告诉我展示的全是未来交通工具。那次活动之后，孩子对设计未来汽车产生了浓厚兴趣，开始主动研究新能源和机械设计。很多机会需要家长留意，甚至帮着孩子去创造机会，因为你也不知道哪一个机会或者某一个时刻，就让孩子看到了更多的可能性。

我们无法预知未来的每一个细节，但只要孩子拥有适应变化的能力和探索的动力，他们就能在AI时代找到自己的方向。而作为家长，我们能做的最重要的事情，就是陪他们一起尝试、一起成长。这样，无论未来的世界多么复杂，他们都能从容应对，走出属于自己的路。

父母的未来角色：
如何应对快速变化的教育环境

和过去几年相比，现在的孩子成长路径更加复杂多样。作为家长，我们的角色也必须随之调整，不再只是孩子的“监督者”或者“安排者”，而要成为他们面对变化时的稳定后盾和陪伴者。在这个过程中，我们不需要成为孩子的导师，但一定要和孩子一起，走过这些快速变化的岁月，帮他们找到属于自己的路。

学会一起学习，跟上时代的步伐

很多家长可能觉得，现在的教育已经“看不懂”了，AI、编程、跨学科学习……这些听着就头疼的词，孩子们却每天都在接触。家长不用觉得“落后于孩子”，也不需要精通这些新知识，只需要保持好的心态，愿意和孩子一起学习，一起感知这个日新月异的时代。

我认识一位家长李女士，她的孩子对机器人特别感兴趣，总是在家鼓捣小零件。李女士起初不太懂，但还是陪孩子一起看教程视频、参加机器人展览。后来，她甚至开始主动搜集一些孩子没注意到的相关信息，和孩子一起讨论。通过这种互动，孩子不仅提升了技能，还增强了母子之间的交流。李女士说："我陪伴孩子一起研究、一起学习，并不是一味地想追赶上孩子的脚步，我觉得我也很年轻，这个AI来临的时代属于孩子，也属于我，我借由孩子的兴趣可以更多探索和理解这个时代，自己也收获了很多知识和快乐。"

在我看来，这种开放的心态和共同学习的方式，是家庭教育中非常值得提倡的。

从"决定者"到"合作者"

过去，父母习惯直接为孩子做决定，但在AI时代，这种模式往往难以适应快速变化的世界。家长需要转变角色，从主导者变为孩子成长路上的合作者，共同探索最适合他们的方向。

有位家长刘女士，儿子小晨在初中时对电竞表现出浓厚兴趣，但学习成绩却在下滑。刘女士并没有像传统家长一样一口否决他的爱好，而是提议和儿子一起研究电竞行业的现状和未来发展。通过共同查阅资料、采访相关从业者，小晨发现电竞行业并不像他想象中那么轻松，需要极高的心理素质和团队协作能力，还要兼具优秀的学习能力。小晨在这个过程中认识到，成绩是实现梦想的基础，而刘女士的支持和理性引导也让他对未来有了更实际的规划。

这个转变不仅让孩子从冲动的热爱中看到了职业发展的全貌，也让家长与孩子建立了更深的信任关系。成为孩子的合作者，是AI时代父母最重要的一个角色转变。

当孩子的“情感靠山”

在这个快速发展的时代，孩子们面对的不仅是学业压力，还有对未来不确定性的迷茫。有一位家长朋友和我分享过她的经历。

她的儿子小凯参加了一次编程比赛，结果AI评判出他的代码不高效，给了他比较低的分数。小凯回到家沮丧极了，对父母说：“以后我都不想碰编程了，AI都比我厉害，我学这个还有什么用？”

小凯的妈妈安抚了孩子的情绪，并和他一起分析比赛的过程，问他：“这次比赛除了结果，你还学到了什么？有没有发现AI是怎么改进代码的？”小凯想了想，说：“有一些改进点我之前确实没想到，但AI也没法做出我的创意。”妈妈顺势鼓励他：“是的，孩子。AI可以帮你优化细节，但它永远替代不了你的创意。你的想法是独一无二的，这才是最宝贵的。”

在妈妈的引导下，小凯逐渐明白，AI强大并不是让人放弃的理由，而是可以成为辅助自己的工具。他重新投入到编程学习中，甚至尝试用AI工具优化自己的设计，找到了一种“与AI共舞”的学习方法。

在面对未来的变化时，父母最重要的不是帮孩子规避所有的不确定性，而是通过陪伴让孩子学会与这些变化共处。父母背后的支持会让孩子多一份从容和勇气。AI可以是工具，但父母的情感支持，是孩子成长中无法替代的力量。

结　语

在规划中陪伴，在陪伴中成长

教育，是每个家庭都会经历的一场旅程。它没有标准答案，也没有清晰的地图。我们站在孩子成长的起点，总希望为他们找到一条通往未来的平坦之路，然而，这条路常常充满未知和岔口，要顺利到达终点，需要的不仅是爱与陪伴，更需要智慧与规划。

我相信，许多父母在孩子的教育上投入了大量的时间和精力。我们焦虑过，也迷茫过，生怕一个选择做错，就会影响孩子的未来。我们常常被“要不要报兴趣班”“选什么学校更好”“将来要不要出国”这样的问题困扰得睡不着觉。焦虑让我们急切地想找到“对的答案”，却往往忘了停下来，看看孩子真正需要什么。

其实，教育的过程就像搭积木，基础越稳固，未来建得越高。这个基础，既包括孩子的学业能力，也包括他们的兴趣发展、自主意识和心理健康。而作为父母，我们能做的，不是替孩子完成搭积木的过程，而是给他们提供稳固的支持，帮助他们规划好每一步的方向。

在孩子的成长过程中，规划是一个绕不开的话题。它不是一张一成不变的清单，而是根据孩子的实际情况和潜力，不断调整的蓝图。比如，兴趣班的选择，不能盲目跟风，而是要根据孩子的兴趣和时间安排去取舍；学业的规划，也不能只是追求高分，而应该帮助孩子找到适合的学习方法，培养良好的学习习惯。这些决策看似琐碎，却决定了孩子成长的质量。

在这个规划过程中，家长不仅仅是决策者，更是陪伴者。规划不是替孩子铺好每一步路，而是和他们一起分析选择，一起面对可能的试错和调整。孩子需要的不是被动地接受安排，而是在参与中慢慢学会思考和决断。比如，在选择兴趣班时，我们可以和孩子一起了解不同课程的特点，一起设定学习目标；在面对学习上的困难时，我们可以帮他们梳理时间管理的方法，或者鼓励他们用自己的节奏去解决问题。这种互动，不仅能让孩子更加清晰自己的方向，也能让他们在过程中获得更多的自信和成就感。

如何适应未来的不确定性，也是父母和孩子要提升的一项能力。在如今这个快速变化的社会，除了让孩子拥有扎实的学业能力，我们更要帮助他们学会如何应对变化和挑战。无论是培养语言能力，还是提前了解不同文化背景，甚至是学习时间管理和情绪调节，这些技能都会在未来帮助他们更好地适应生活，迎接新的机遇。

当然，在规划和陪伴的过程中，我们也要学会接受“不可控”。孩子不可能按照我们的设想一帆风顺，他们会遇到挫折，会经历失败，也会有自己的情绪和节奏。这时，父母能做的最重要的事情，就是放下对完美结果的执念，多一点耐心和包容，用实际行动告诉他们：努力和探索比结果更重要。

我写这本书，不是为了提供一套“万能公式”，也不是要让父母完全放手，而是希望通过分享自己的经验和思考，帮助大家找到教育的平衡点：既能规划好孩子的学业方向，也能给他们自由成长的空间；既能为他们提供必要的支持，也能学会在适当的时候放手。

教育路上，我们不仅要做孩子的推手，更要做并肩同行的伙伴。规划不是控制，更不是填满他们的时间表，而是一种有智慧的陪伴——用心倾听他们的想法，尊重他们的节奏，同时帮助他们从小小的目标出发，逐渐看清更远的未来。

最后，我真诚地希望这本书能成为父母教育旅程中的一盏灯，让你们在迷茫时多一些方向感，在焦虑时多一些笃定。教育不是一场结果的比拼，而是一场对生命的支持。愿我们都能在规划中陪伴，在陪伴中成长，与孩子一起，走向他们真正热爱的未来。